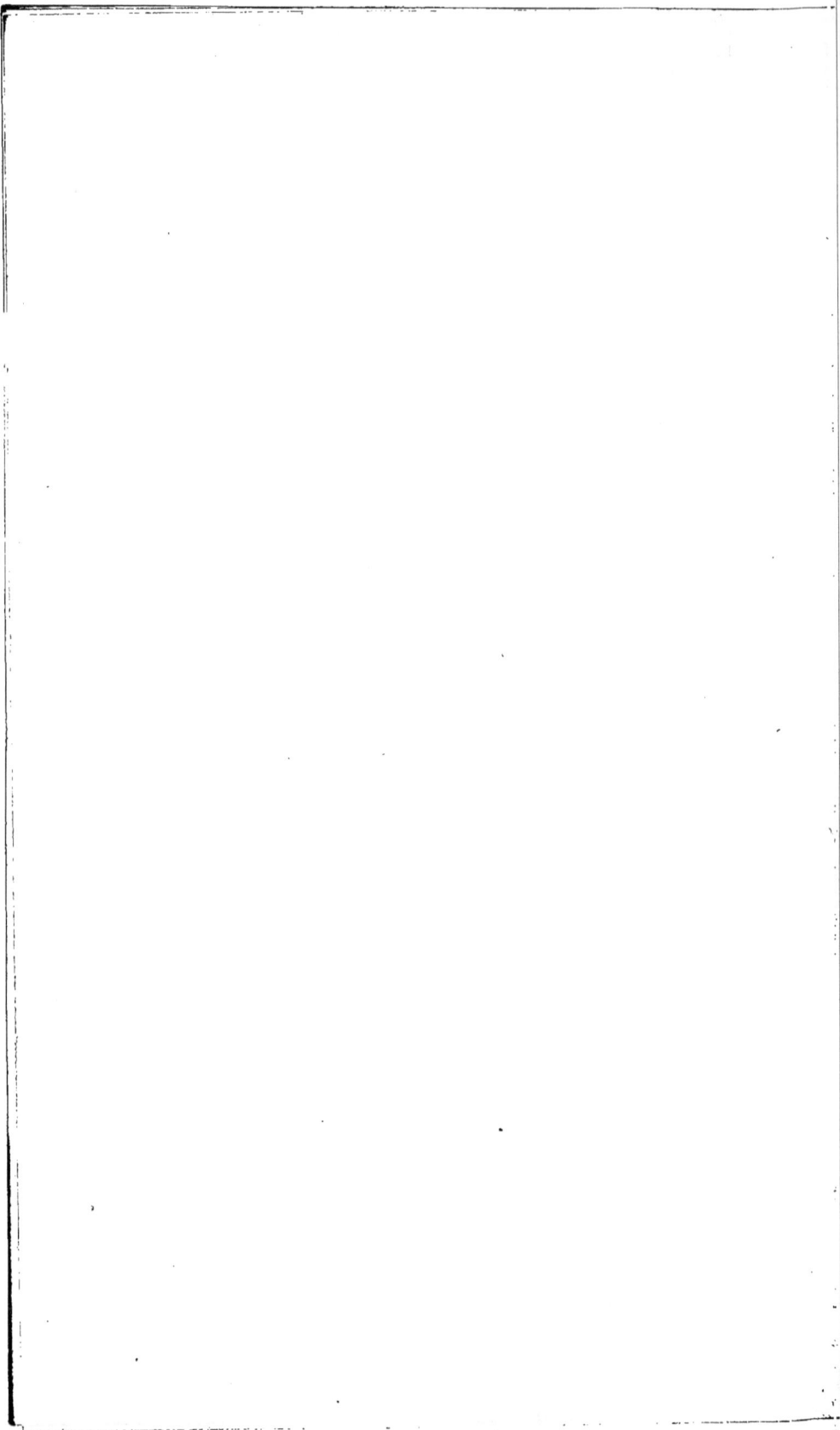

VOYAGE

A

BOURG-LA-REINE

ET A L'HAY,

Par M. Saint-Bresson.

PREMIÈRE PARTIE.

PARIS,

FÉVRIER 1834.

IMPRIMERIE DE BACQUENOIS,

RUE CHRISTINE, N° 2.

AVIS DE L'AUTEUR.

Je suis aveugle, presque octogénaire et accablé de graves infirmités : dans cet état on a le plus grand besoin de se distraire et de s'occuper. Selon moi, la plus douce des occupations est de faire le bien quand on le peut et comme on le peut. J'ai cru le faire en écrivant mon petit voyage à Bourg-la-Reine.

J'ai d'abord voulu parler de Mme de B***, chez laquelle j'ai été souvent en pension depuis la révolution de 1830 ; j'ai voulu faire connaître la charmante maison de cette aimable dame, qu'un caractère heureux, une extrême bonté, une humeur toujours égale rendent chère à ceux qui la connaissent, et plus particulièrement à ceux qui habitent chez elle.

J'ai voulu aussi désigner aux personnes qui vont annuellement passer la belle saison à la campagne, un des plus jolis endroits des environs de Paris, une commune où se trouvent réunis aux charmes de la nature, tous les avantages nécessaires à une vie paisible et commode; une commune calme et tranquille, qui n'a jamais partagé les excès ni les erreurs presque inséparables des temps de troubles et de désordres, une commune enfin dont les habitans sont remplis d'attention et d'obligeance pour les étrangers qui viennent les visiter.

Si, dans mon récit sans art, je me suis permis d'entremêler parfois, quelques-uns de mes souvenirs antérieurs à ma cécité et quelques personnalités qui ne sauraient offenser, je puis assurer que tout est puisé dans l'exacte vérité; je dois donc espérer obtenir toute l'indulgence dont j'ai besoin et que je réclame avec instance de mon lecteur.

Nota. La seconde partie de cet opuscule se composera des *Soirées de Bourg-la-Reine,* et paraîtra très-incessamment.

VOYAGE ET SOIRÉES

A BOURG-LA-REINE.

Long-temps avant le mois de juillet 1830, l'horizon politique s'était fort obscurci; chaque jour enfantait un nouveau danger pour le gouvernement et une nouvelle crainte pour les amis de la légitimité; tous les journaux retentissaient d'invectives, de récriminations, de plaintes et d'accusations contre les ministres et contre le roi même.

La capitale était inondée de brochures virulentes, les unes plus que les autres; tout, en un mot, dans ce moment d'effervescence, annonçait une explosion prochaine; l'oscillation du gouvernement, l'anxiété dans laquelle étaient ses partisans, rendait le séjour de Paris insupportable; j'avais pris la résolution de le quitter pour me retirer à jamais à la campagne, lorsqu'un matin, en parcourant les journaux et les *Petites Affiches*, comme à mon ordinaire, je lus l'annonce suivante :

> A Bourg-la-Reine
> Est un manoir,
> Que l'on peut voir,
> Sans nulle peine,
> Matin et soir;.....

Où, noble dame,
Dont la douceur,
L'égale humeur
Dévoile l'ame,
Avec bonté
Offre sa table,
Et fort passable,
Vin de santé,
Aux gens aimables
Qui sont capables
De préférer,
Sans différer,
Charmant asile,
Calme et tranquille,
Aux embarras
Et aux fracas
De grande ville :
Petit salon,
Chambre proprette,
Hôtesse honnête,
Et sans façon,
Grâce, simplesse,
Et politesse,
Voilà le ton
De la maison.
Voyez l'adresse,
Un peu plus bas,
Et chez l'hôtesse
Portez vos pas.

A Bourg-la-Reine, Grande Rue, n° 1.

Ce genre d'annonce, inconnu jusqu'à ce jour, me parut fort singulier; mais néanmoins me donna, je ne sais pourquoi, une idée agréable, si ce n'est avantageuse, du lieu qu'elle désignait; dès ce mo-

ment, je formai le projet d'aller le reconnaître ;
mais l'état des affaires, les événemens multipliés et
toujours renaissans qui s'amoncelaient, me forcè-
rent à rester encore quelque temps pour en voir
l'issue. Hélas, je n'attendis pas long-temps ! les fa-
tales ordonnances qui détruisirent dans un instant
un trône qui existait depuis huit siècles, et avec
lui l'amour d'un peuple distingué jusqu'alors par
son attachement inviolable à ses souverains, vinrent bientôt porter la consternation partout, et peu
après, le trouble, le désordre et la mort sur tous
les points de la capitale bouleversée de fond en
comble.

Le spectacle affreux dont je fus le témoin pendant les trois journées de juillet, le sang dont toutes
les rues de Paris furent abreuvées, portèrent dans
mon cœur et dans mon esprit une épouvante et
une horreur qu'il me fut impossible de suppor-
ter plus long-temps.

Alors revint à ma mémoire l'annonce que j'avais
lue dans les *Petites Affiches*.

Je résolus de partir le lendemain pour Bourg-
la-Reine ; je rêvais à mon petit voyage, lorsque me
survint l'inspiration que je transcris ici :

Sur les bords sanglans de la Seine,
Je ne puis désormais goûter aucun repos ;
A chaque instant, un coup d'œil me ramène
Au souvenir de tous mes maux.
Dans le vallon charmant du joli Bourg-la Reine,
Sur ces rians et fertiles coteaux,

J'irai chercher à soulager ma peine
Qui doit m'acompagner dans le sein des tombeaux !
Muse , jadis ma protectrice ,
Source unique de mes plaisirs ,
Dans mon divin séjour daigne m'être propice
Et présider à mes loisirs.

Cette invocation m'eût conduit tout naturellement, sans doute, à un poème sur l'étonnante révolution de 1830, si mon esprit uniquement occupé
de quitter Paris, et désireux de me rendre le plus
tôt possible à Bourg-la-Reine, n'eut interrompu
tout ce que mon imagination aurait pu dire sur ce
qui venait de se passer. Je commençai donc mon
voyage ; je partis de la rue de Vaugirard où je de-
meurais, je passai par le Luxembourg pour aller
à la barrière d'Enfer ; en traversant ce beau jardin,
je vis auprès du bassin, un homme fort bien mis,
assis sur un banc, qui semblait écrire sur ses genoux ; quand je fus à deux pas de lui, il leva machi-
nalement la tête, ses yeux se fixèrent sur moi, et il
me dit:—Bonjour, Salvador, où allez vous?—A la
campagne, où je vais me fixer ; je quitte tout-à-fait
Paris.

Mais vous, Fioretti, que faisiez vous là, vous
écriviez? — Eh! mon ami, vous le savez, j'aime à
m'occuper d'histoire, d'anecdotes, d'événemens
curieux. Je compulsais dans ma mémoire tous
ceux qui se sont passés dans ce beau palais, ainsi
que les grands personnages qui l'ont habité depuis Henri IV. Mais vous, mon cher ami, dans quel
lieu allez-vous, demeurer à la campagne?—Je vais

m'établir à Bourg-la-Reine ; on dit que c'est un très bel endroit, que ses environs sont charmans ; je me propose de les parcourir, même de les observer quand j'y serai ; en attendant, je m'arrêterai, chemin faisant, à tous les lieux remarquables que je trouverai sur ma route avant d'y arriver.

Lorsque j'aurai choisi ma retraite, je recueillerai toutes mes notes et j'en formerai un petit ouvrage sous le titre de *Voyage et Soirées à Bourg-la-Reine*. —Parbleu, reprit alors avec vivacité Fioretti, la rencontre est heureuse pour vous et pour moi. Je veux être du voyage, en faire une petite partie du moins avec vous ; je vous accompagnerai jusqu'à la barrière, et dans cet espace, qui n'est pas long, nous trouverons plus que dans toute autre partie de la capitale, des souvenirs à recueillir qui ont été consacrés par l'histoire : le Luxembourg, les Chartreux, les Sourds-Muets, le Val-de-Grâce, la Maternité, l'Observatoire, les Enfans-Trouvés, enfin, l'hospice de Marie-Thérèse, nous en fourniront assez pour donner un intérêt de plus à votre voyage et lui servir d'introduction. Asseyons-nous, ajouta-t-il, et commençons ; par un entraînement que je ne saurais exprimer, j'obéis, je m'assieds à côté de lui, il me donne son crayon et j'écris.

LUXEMBOURG.—C'est au Luxembourg qu'habita, en 1617, cette Galigaï, maréchale d'Ancre, sortie de la poussière, disposant à son gré des dignités de la France ; puis, précipitée du faîte des grandeurs et expiant sur l'échafaud sa scandaleuse fortune et les soupçons sur la mort de Henri IV.

C'est au Luxembourg que Marie de Médicis appela auprès d'elle Rubens et le fit venir d'Anvers pour peindre cette suite magnifique de tableaux, connue sous le nom de galerie du Luxembourg, qui met sous les yeux toute la cour de Henri IV.

Ce chef-d'œuvre du pinceau magique du plus célèbre artiste, fut transporté à l'époque de la restauration, du Luxembourg dont il faisait l'ornement, au Musée du Louvre où il se trouve aujourd'hui. C'est encore au Luxembourg qu'habita, en 1668, cette Henriette d'Angleterre, duchesse d'Orléans, aimée de Louis XIV, qui fit lutter les génies de Corneille et de Racine, et mourut de poison à la fleur de son âge, dans les bras de Bossuet.

Le Luxembourg fut aussi témoin, en 1670, des amours romanesques de M. de Lauzun et de Mademoiselle de Montpensier. Ce fut dans ce palais qu'en 1676 Madame de Lafayette composa la *Princesse de Clèves,* conjointement avec Segrais et M. de Larochefoucault. Enfin, en 1720, Madame la duchesse de Berri, fille du régent, habita le Luxembourg qui, depuis cette époque, devint la demeure des frères aînés des rois de France; c'est en cette qualité que le comte de Provence, devenu depuis Louis XVIII, l'habitait en 1790, lors de l'émigration de la famille royale.

Après le départ de ce prince, le Luxembourg fut transformé, dans le temps de la terreur, en prison des suspects, et c'est de là que furent envoyés à l'échafaud les hommes du rang le plus élevé, les savans les plus illustres et les plus célèbres artistes.

Après la terreur, le Luxembourg devint le siége du gouvernement, composé des *cinq sires*, connus sous le nom de Directoire; lorsque ce gouvernement fut renversé par Bonaparte il y plaça le Consulat dont il était le premier membre, et lorsqu'il fut empereur, il y établit le Sénat Conservateur sous lequel ce palais prit une toute autre figure.

Les bâtimens furent changés et embellis, les jardins agrandis, augmentés et décorés comme ils le sont aujourd'hui, sous la direction du fameux architecte Chalgrin.

Enfin, après la chûte de Bonaparte, Louis XVIII ayant créé la chambre des Pairs, lui donna le Luxembourg en toute propriété.

C'est pendant son règne que cette chambre remplissant les fonctions de haute cour nationale, jugea et condamna le maréchal Ney, et plus tard l'infâme Louvel, assassin du duc de Berri.

Après la mort de Louis XVIII, pendant le règne de Charles X, son frère et son successeur, le Luxembourg fut constamment le siége de la chambre des Pairs.

Dans le commencement des troubles qui précédèrent la révolution de 1830, le jardin de ce palais fut souvent le rendez-vous des rassemblemens des élèves des différentes écoles qui préludaient, par leurs clameurs, aux événemens qui ont occasionné tous les changemens opérés par cette nouvelle révolution.

Depuis les journées mémorables de juillet, la nouvelle chambre des Pairs, présidée par le baron Pasquier, s'est formée en haute cour pour juger les derniers ministres de Charles X, et les a condamnés à la réclusion perpétuelle, qu'ils subissent depuis cette époque, au château de Ham.

Nous quittâmes le Luxembourg après avoir recueilli tous ces souvenirs; quand nous eûmes passé la grille qui est en face la rue Saint-Dominique, Fioretti s'arrêta subitement : — Nous laissons derrière nous, me dit-il, trois monumens remarquables : la Sorbonne, Sainte-Geneviève et la tour Saint-Jacques-du-Haut-Pas; je vais vous en dire un mot.

Sorbonne. — Le cardinal de Richelieu en fut le fondateur, il y forma une réunion de savans théologiens, connue dans la suite sous le titre de collége de Sorbonne; les hommes qui le composèrent, fort habiles en controverses, furent long-temps les arbitres et les juges des différens qui s'élevèrent dans presque toutes les églises de la chrétienté.

A l'époque de la révolution de 1789, cette célèbre société subit le sort de tous les corps enseignans et religieux; les membres en furent dispersés, leur asile bouleversé, leur église profanée au dedans et totalement dégradée au dehors.

Sous l'empire, la Sorbonne devint une succursale de l'école de droit, et l'église fut changée en amphithéâtre, où vinrent se ranger les élèves pour entendre les leçons des différens professeurs.

Sous la restauration, le gouvernement essaya de faire revivre le collége de Sorbonne : il rassembla quelques docteurs qui existaient encore, fit réparer leur ancienne demeure et les y installa; leur église fut restaurée, embellie, décorée avec goût et enrichie de nouveau du tombeau de son fondateur, dont le vendalisme l'avait dépouillée. Le culte y fut rétabli avec la dignité convenable, et pour lui donner plus d'éclat, l'école de chant de M. Chauron fut appelée à exécuter tous les dimanches dans cette jolie chapelle, à la messe et à vêpres, des morceaux de musique des meilleurs compositeurs, ainsi que ceux qu'avait appropriés leur habile maître au temps et aux lieux. Cette exécution musicale attira pendant plusieurs années la foule aux offices divins et particulièrement à vêpres, qui était, à la fin du règne de Charles X, le rendez-vous de tout ce que la capitale avait de femmes les plus élégantes et de petits-maîtres.

Les trois journées de juillet ont fait évanouir tous ces prestiges; mais il reste encore à la Sorbonne un objet bien digne d'attirer les étrangers et les connaisseurs : c'est le tombeau du cardinal, qui se distingue par sa simplicité, l'élégance du style, le fini des accessoires, et surtout par la pôse et la pureté du dessin de la figure principale, qui est à demi-couchée sur le tombeau.

SAINTE-GENEVIÈVE. Louis XV pendant sa maladie à Metz, fit vœu d'élever un temple à la patronne de Paris ; il en posa la première pierre le 6 septembre 1757 ; le célèbre Soufflot en fut l'architecte ; il mourut avant de l'avoir achevé, par suite des chagrins que lui firent essuyer les contradictions qu'il éprouva en le construisant.

Cette église n'était pas encore finie que la révolution de 1789 éclata ; peu après, Sainte-Geneviève fut débaptisée et prit le nom de Panthéon français, destiné à renfermer les dépouilles mortelles des hommes illustres du temps. Mirabeau fut le premier qui fut inhumé dans cette enceinte ; les cendres de Voltaire y furent portées avec une pompe inconcevable ; Marat enfin eut aussi les honneurs du Panthéon, d'où le peuple vint l'arracher pour le jeter dans l'égoût Montmartre.

Sous l'empire, le Panthéon fut ouvert à quelques grands personnages, mais avec des formes différentes de celles usitées pendant la république.

A l'époque de la restauration, Sainte-Geneviève reprit son nom ; elle fut de nouveau consacrée au culte catholique ; tous les insignes révolutionnaires en disparurent ; les inscriptions placées sur le frontispice en furent effacées, le drapeau tricolore qui flottait à la cime du dôme fut remplacé par une

magnifique croix de la plus haute dimension; enfin
cette église fut concédée aux missionnaires qui,
pendant plusieurs années, y prêchèrent quelquefois
avec talent, et souvent avec succès.

Louis XVIII, Charles X et toute leur cour, com-
blèrent de dons cette superbe basilique; elle était
déjà enrichie de vases sacrés, chef-d'œuvres de
l'art, d'ornemens les plus beaux, la plus part con-
fectionnés par la main des princesses de la famille
royale.

Les journées de juillet firent de nouveau fermer
ce temple, il reprit alors le nom de Panthéon qu'il
porte aujourd'hui; on y voit à présent des tables
d'airain sur lesquelles sont inscrits les noms des
héros de juillet. Plusieurs projets ont été formés et
proposés relativement au Panthéon; mais aucun
encore n'a été exécuté ni adopté. Quoiqu'il arrive,
ce monument remarquable sera toujours digne
d'attirer l'attention et de piquer la curiosité des
artistes, et les amateurs surtout, iront admirer avec
plaisir et même avec ravissement, la peinture à
fresque qui décore le dôme principal; elle est une
allégorie ingénieuse des époques de notre histoire,
allégorie qui se rattache particulièrement à la restauration. Gros, l'un des peintres célèbres de l'é-
cole française, est l'auteur de cet immortel ouvrage.

LA TOUR SAINT-JACQUES-DU-HAUT-PAS. — C'est là que
reposent les cendres de cette fameuse duchesse de
Longue-Ville, sœur du grand Condé; que de gloire

et d'infortunes s'attachent à ce nom illustre qui vient de s'éteindre tout à l'heure!...

Dans cette tour reposent aussi les cendres vénérables de l'abbé de Saint-Cyran, fondateur de Port-Royal.

Quel contraste entre cette célèbre abbaye et la Maternité qui occupe une partie de ce mémorable couvent.

Après cette épisode, nous suivîmes la rue d'Enfer jusqu'aux Chartreux où me fit de nouveau arrêter Fioretti.

Voici, me dit-il, des souvenirs aussi précieux que ceux que nous venons de quitter : ici existait en 1257, le château de Vauvert que Saint Louis donna aux Chartreux pour expulser le diable que l'on prétendait y habiter, d'où vint alors à cette rue, le nom d'Enfer qu'elle porte encore aujourd'hui.

On voyait dans le cloître des Chartreux, en 1720, un contraste frappant des orages de la cour avec le calme et la solitude de cette maison; là, existait dans le cloître, cette suite de tableaux peints par Le Sueur, qui ont immortalisé cet artiste ainsi que le cloître qui les contenait. (Cette collection de tableaux a été transférée au Musée royal, où on la voit aujourd'hui, toujours avec un nouveau plaisir.

C'est aussi dans les galeries de ce cloître que se promenaient journellement les gens de lettres du temps; Rollin méditait son *Traité des études*, Fontenelle et Montesquieu s'entretenaient de philosophie ; l'un y composait ses *Mondes*, l'autre ses *Lettres Persannes* ; Le Sage rêvait à *Gilblas* et l'abbé Prévot à *Cléveland* ; Crébillon méditait *Rhadamiste* et Piron la *Métromanie*.

Ce mémorable couvent des Chartreux a été enclavé dans les jardins du Luxembourg et forme aujourd'hui la grande avenue de l'Observatoire, la pépinière et le jardin fleuriste ; il ne reste des bâtimens qu'une carcasse située sur la rue d'Enfer, qui sert de logement au maître jardinier.

Regarde à gauche, me dit Fioretti, en 1641, cette maison occupée aujourd'hui par les Sourd-Muets était un séminaire connu sous le nom de Saint-Magloire ; il appartenait à la congrégation de l'Oratoire. La Fontaine, âgé de 20 ans, se déroba à ce séminaire où il était entré, pour aller au théâtre de la rue de Bourgogne voir *Polieucte*.

L'orme qui existe encore aujourd'hui au milieu de la cour, fut planté par La Fontaine. Dans la suite, cette maison fut celle de l'abbé de l'Epée, fondateur de l'institution des Sourd-Muets, qui l'éleva avec une très petite fortune, totalement à ses dépens et sans aucun secours du gouvernement.

L'abbé Sicard, qui lui succéda, donna le plus grand développement et la plus grande célébrité à cette institution, pour laquelle il obtint toutes les faveurs des divers gouvernemens qui se sont succédés pendant sa vie.

Un digne élève de l'abbé Sicard, M. Pommier, donna après la mort du premier, suite à sa méthode et un genre d'enseignement nouveau à tous les élèves de cet établissement.

Passons, continua Fioretti, au Val-de-Grâce, auprès duquel nous nous trouvons. Ce monument rappelle la naissance de Louis XIV; Mignard, célèbre peintre de l'époque, en peignit le dôme et Molière le chanta dans son poème.

Le VAL-DE-GRACE était autrefois le lieu de la sépulture de la maison d'Orléans; on y voyait dans le chœur, un caveau superbe où était rangée, sur une espèce d'estrade, une multitude de bierres construites en beau chêne sur lesquelles étaient des plaques d'argent qui portaient les noms gravés des morts qu'elles contenaient. A droite de ce caveau, dans une embrasure pratiquée dans la muraille, fermée par une grille de fer, étaient tous les cœurs de ces morts, enfermés dans des boîtes de vermeille, portant également les noms, titres et qualités des personnes auxquelles ils appartenaient.

Depuis la révolution de 89, le Val-de-Grâce a été transformé en hôpital militaire.

HOSPICE COCHIN. Nous apperçevons d'ici l'Hospice Cochin, nous ne le passerons pas sans le visiter, sans jeter quelques fleurs sur la tombe du bienfaiteur de l'humanité qui y repose. M. l'abbé Cochin, prêtre et curé de l'église de Saint-Jacques du Haut-Pas, fonda cet hospice en l'année 1780, il le dota, lui légua tous ses biens et en fit don à la ville de Paris. Toutefois, il se réserva pour lui et ses successeurs le droit de disposer d'un certain nombre de lits en

faveur des pauvres de leur choix. Il voulut encore
que toujours un de ses décendans fit partie de l'administration de cet hospice ; le ciel à semblé vou-
loir perpétuer la mémoire du bienfaiteur et le souvenir du bienfait, en perpétuant aussi le nom de
Cochin, une des familles les plus anciennes et des
plus respectables de la capitale. Depuis sa fondation
cet hospice a toujours compté parmi ses adminis-
trateurs un homme de ce nom honorable : aujour-
d'hui encore M. Cochin, ancien maire pendant de
longues années du XIIᵉ· arrondissement et jurisconsulte distingué, remplit les mêmes fonctions
dans cette maison de charité et y rappelle par sa
religion, ses talens, ses exemples, toutes les vertus
de ses nobles ancêtres.

Nous voici arrivé au Port-Royal. Cette fameuse
abbaye dans laquelle s'étaient retirés les célèbres
Pascal et Arnault, a été détruite de fond en comble ;
une partie des jardins forme aujourd'hui les allées
et la place qui sont au-devant de l'Observatoire ;
l'autre partie des bâtimens est consacrée à un des
établissemens les plus philantropiques de la capitale
et même du royaume ; il a été fondé par la mère
de Bonaparte pour recevoir toutes les femmes en-
ceintes, que des motifs d'indigence obligent à s'y
rendre, et plus particulièrement pour cette partie
du sexe, trop commune aujourd'hui, qui désire,
avec raison, soustraire à tous les yeux sa faiblesse
et sa honte.

Philippe de Champagne, un des artistes très

distingués de l'école française, peignit dans le temps les religieuses de Port-Royal environnant le lit de mort de la sœur de ce célèbre peintre. Ce tableau, qui d'abord fut enlevé de la place pour laquelle il avait été fait, ensuite sauvé dans les temps malheureux par les soins de Lenoir, conservateur et fondateur du Musée des Petits-Augustins, ou des monumens français, se trouve aujourd'hui dans la grande galerie du Louvre, et est regardé comme un chef-d'œuvre de l'art.

Vous voyez devant vous l'Observatoire, me dit encore Fioretti : cet établissement unique en Europe fut bâti sur les dessins de Perrault. Le génie de Cassini s'y développe à tous les pas. C'est là que M. de Lalande a long-temps occupé la chaire de professeur d'astronomie, science à laquelle il a fait faire d'immenses progrès; M. Aragot qui lui succède maintenant, prouve tous les jours qu'il ne le cède en rien à son prédécesseur par ses connaissances et son savoir.

Nous sommes, ajouta Fioretti, aux Enfans-Trouvés. C'était là une autre maison de l'Oratoire qu'on appelait Institution; tous ceux qui se destinaient à entrer dans cette congrégation, passaient du séminaire Saint-Magloire dans cette maison, où ils étaient obligés de rester encore deux ans avant d'être admis dans ce corps. C'est de là que sortit l'éloquent Massillon, le docte Malbranche. Lorsque les ordres ont été détruits et que l'institution de l'Oratoire fut tombé entre les mains du gouvernement, on y transféra les Enfans-Trouvés, dont l'hospice était dans la rue du faubourg Saint-Antoine.

Enfin, me voilà rendu au terme de mon voyage avec vous, mon cher Salvador; je n'ai plus rien à vous désigner que l'hospice devant lequel nous allons passer : il fait honneur à l'humanité, à la philosophie d'un grand homme de notre siècle. C'est à M. de Chateaubriant, à sa digne et vertueuse épouse, qu'on doit l'hospice connu sous le nom de Marie-Thérèse. Il a été fondé et destiné particulièrement aux prêtres et aux religieuses que l'âge où les infirmités, le défaut de fortune quelconque mettaient hors d'état de pourvoir à leurs premiers besoins. Mme la duchesse d'Angoulème le dota de ses noms, et ne cessa de le combler de tous ses bienfaits, tout le temps qu'elle resta en France. Aujourd'hui cet hospice n'est plus exclusivement consacré aux prêtres, mais plus particulièrement à des personnes âgées, infirmes et indigentes.

C'est au milieu de ces précieux souvenirs que mon ami Fioretti me fit arriver à la barrière d'Enfer, en prenant congé de moi. Après que je l'eus remercié comme je devais, il me dit: Je compte sur un acte de votre reconnaissance : c'est votre *Voyage à Bourg-la-Reine*; quand vous l'aurez terminé, il me rappellera toujours avec un nouveau plaisir la promenade que nous avons faite ensemble. Après ces dernières paroles, je le quittai et je sortis de Paris.

Ici vinrent encore m'assiéger de récens souvenirs. Cette enceinte de Paris que je venais de franchir, ces lourds édifices qui sont aujourd'hui l'habitation et les bureaux des employés de l'octroi, me rappellaient ce M. de Calonne, d'illustre mémoire qui les a fait construire. Ce M. de Calonne, dont les projets, s'ils avaient été suivis, auraient pu éviter, ou du moins éloigner, mais certainement dénaturer notre révolution. Un peu plus loin, en entrant dans le petit Mont-Rouge, je vis écrit sur une grande porte : Hospice de la Rochefoucault ; ce mot est sinonyme de bienfaisance. Depuis l'auteur immortel des *Maximes* jusqu'à nos jours, il n'est pas un membre de cette famille qui ne se soit distingué dans tous les temps par quelque établissement religieux, philantropique, ou qui fasse honneur à l'humanité.

Je voulus voir celui-ci. Une grande cour plantée d'arbres qui forment plusieurs allées, des bâtimens bien aérés, bien distribués, donnent à cet hospice un aspect agréable et sain ; pour y être admis, il faut avoir atteint sa 60e· année, pouvoir payer au moins 200 francs par an ; moyennant cette petite pension, on est nourri, logé, chauffé, éclairé convenablement ; l'on jouit d'une entière liberté à l'extérieur ; néanmoins, en se conformant au réglement de la maison pour les heures d'entrée, de sortie et de repas.

En quittant cet hospice, je fus conduit à travers le bourg et par un chemin superbe, jusqu'à deux pas du grand Mont-Rouge, où je m'arrêtai pour voir et parcourir la maison du célèbre docteur Gall (où il est mort). Plusieurs idées philosophiques s'emparèrent de moi en voyant cette habitation, où ce savant avait si souvent médité sur son système de cranologie, qui s'est étendu successivement dans toute l'Europe comme une étincelle électrique. Avant de sortir de cette maison, je montai sur un kiosk qui la domine, sur lequel on jouit d'une vue admirable. J'y gravai sur un gros arbre les quatre vers suivans :

> En parcourant ces lieux qu'habitait un grand homme,
> Dont l'esprit, le savoir doivent être immortels,
> Je gémis sur le sort des malheureux mortels
> Qui passent ici bas, comme y passe un atome.

Je continuai ma route ; j'arrivai bientôt au grand Mont-Rouge ; là, de tristes pensées vinrent encore m'affliger. Je passai devant la porte de la maison des jésuites qui, peu de jours auparavant, avait été pillée par une populace effrénée, et de laquelle tous les hôtes malheureux avaient été obligés de fuir précipitamment, pour éviter le sort affreux qui leur était destiné.

A deux pas du grand Mont-Rouge, je visitai les aqueducs qui conduisent les eaux d'Arcueil jusqu'aux Termes de Julien, dont on voit encore des vestiges au coin des rues du Foin et de La Harpe. La construction de deux arches vraiment romaines fut le seul objet qui fixa particulièrement mon attention ; toutes les autres, qui sont d'une construction moderne, quoique dignes d'être admirées par les connaisseurs, ne ressemblent point aux ouvrages de ce genre qui existent en France ou ailleurs, lesquelles portent à un bien plus haut degré le cachet de l'antiquité ; de ce nombre sont les aqueducs des Massus et de Chaponeau, à Lyon ; ceux du pont du Gard , de Nîmes, etc.

Le village d'Arcueil renferme une multitude de campagnes charmantes ; quoique les eaux rendent les habitations moins saines, ce petit endroit n'en est pas moins fort fréquenté pendant tout l'été. La maison la plus remarquable est celle qui appartenait à un des hommes les plus excellens, l'un des savans les plus estimables de notre siècle, M. Bertholet, mort membre de l'Académie fançaise et pair de France.

Lorsque j'eus achevé la visite des aqueducs et parcouru le village d'Arcueil, je continuai la route, en passant par un petit hameau appelé Cachant, qui ne me présenta rien de remarquable. Je me trouvai presqu'incontinent au bas de la montée de Bagneux, où je voulus faire une pause pour y admirer la superbe et magnifique vue de la maison qu'habitait, dans le XVIe. siècle, le cardinal de Richelieu, et d'où ce ministre, si puissant alors, dictait des lois à tout le royaume. La demeure de cet homme trop illustre me parut bien modeste et bien simple, comparativement à celle des grands personnages d'aujourd'hui, je dirai même des plus petits particuliers qui n'ont qu'une modique fortune. Je citerai avec plaisir, en parlant de ce village et du cardinal , les vers

suivans, que j'ai puisés dans les voyages estimables
de M. Delort, aux environs de Paris.

« Assis sur un riant coteau,
» Bagneux est un joli village,
» Dont les maisons et le château
» Embellissent le paysage.
» Des écrivains dignes de foi,
» Racontent que sous un certain roi,
» Fils de Louis-le-Débonnaire,
» L'on y faisait joyeuse chaire,
» Et que le vin qu'on y buvait
» Pouvait plaire au plus fin gourmet.
» Nous devons d'autant mieux les croire,
» Que les chanoines de Paris,
« Qui comme ailleurs aimaient à boire,
» Avaient du vin en ce pays.
» Mais ce qui semble moins croyable,
» C'est l'histoire d'un cardinal,
» Qu'on vit ministre, général,
» Et qu'ici l'on rend exécrable.
» Une antique tradition
» Rapporte que dans sa maison
» On passait par les oubliettes :
» Nous savons que l'ambition,
» Peut s'emparer de quelques têtes ;
» L'exemple en est assez fréquent,
» Et je crois qu'il serait prudent,
» Surtout en fait d'historiette,
» Qu'on brode au gré de son esprit,
« De ne point croire les on-dit.

En quittant Bagneux, j'aperçus, de dessus la

hauteur où je me trouvai, le joli Bourg-la-Reine, vers lequel je dirigeai mes pas ; mon premier soin, en y entrant, fut de me rendre au lieu désigné dans l'annonce dont j'ai parlé ci-dessus ; je désirais en connaître l'exactitude et la vérité. J'étais arrivé à la maison énoncée ; je sonnai à la porte-cochère, à l'instant une jeune domestique fort gracieuse, m'introduisit dans une cour ornée de tapis de gazons, autour de laquelle se trouve une jolie maison, et vis-à-vis, un petit bois fort bien percé. Tout le long de cette cour et de ce bosquet règne un jardin potager, entouré de murailles garnies d'espaliers en bon état, coupé par de petites allées divisées en plusieurs compartimens, autour desquelles sont des plattes-bandes ornées de fleurs. J'avais à peine considéré ces objets, que je vis sortir d'un des salons qui donnent sur le jardins, une femme assez rondelette, dont l'extérieur et le teint couleur de rose et blanc portait encore les traces de la plus jolie figure du monde. J'en fus reçu avec une extrême bonté ; avant même de lui avoir expliqué le motif de ma visite ; son accueil ne me fut pas moins favorable, lorsque je lui eus fait part de mon intention de venir m'établir chez elle. Je parcourus avec cette aimable dame tous les appartemens de cette maison, qui me parurent agréables, commodes et surtout fort bien tenus. Je n'importunai pas long-temps ma future hôtesse ; après avoir pris quelques arrangemens convenables et lui avoir promis de venir le même jour m'établir à

Bourg-la-Reine, je la quittai pour aller faire connaissance avec tous les gracieux alentours de cette jolie bourgade.

Le premier objet qui me frappa fut la manufacture de faïence et porcelaine, dite de Bourg-la-Reine, de MM. Moni et Benoît. Cette faïence est jolie à l'œil, le verni en est très-fin, la pâte belle, l'usage fort durable. La fabrique de ces messieurs occupe une quantité très-considérable des habitans de Bourg-la-Reine ; elle y fait circuler beaucoup d'argent, met à l'aise une multitude de familles qui, sans elle, manqueraient d'ouvrage ou seraient obligées d'aller porter leurs bras loin de leurs domiciles. Les hommes estimables qui sont propriétaires de cet établissement ajoutent à tout le bien qu'ils font à leur commune, une manière de le faire qui leur attire également la considération générale et l'entier dévouement de tous ceux qu'ils occupent.

En sortant de chez eux, je fus attiré par des chants religieux qui se faisaient entendre tout au près ; j'en suivis la direction ; je me trouvai dans une espèce de chapelle. J'arrivai comme on chantait le *Crédo* ; la voix qui le chantait me frappa par son volume, sa rondeur et sa pureté. J'entendis la messe, après laquelle je demandai à une bonne dame, qui l'avait entendue aussi, quel était le chantre dont la voix si distinguée s'élevait au-dessus de toutes les autres.

C'est, me dit-elle, M. Pocquet, maître d'école et

greffier de la municipalité. Ce n'est pas un homme ordinaire ; il a des principes excellens, des mœurs pures, une religion parfaite et surtout un cœur sensible et obligeant ; en un mot, c'est un trésor pour le pays.

Il est si doux de croire le bien, que j'ajoutai facilement foi à ce que cette bonne dame me disait ; j'ai été à même, dans la suite, d'éprouver qu'elle m'avait dit la vérité.

Je sortis de cet oratoire, très-satisfait du chantre, mais fort peu du lieu qui ne me parut ni assez décent, ni convenable au service divin. J'avais à peine fait deux pas que je vis sortir d'une porte-cochère un équipage dans lequel se trouvait une dame ; je demandai son nom : on me dit que c'était madame la comtesse de Lanjuinais qui sortait de chez elle ; je ne vis rien de remarquable à cette maison ; mais le nom de Lanjuinais est une illustration dans notre révolution.

Le père de M. le comte de Lanjuinais, avocat distingué de la ville de Rennes, en partit pour venir siéger à l'Assemblée Constituante. Il y développa une connaissance profonde des lois anciennes et des idées nouvelles sur la législation qu'il voulait établir dans notre code ; il parcourut successivement toutes les chambres législatives jusqu'à la pairie, dont il fut revêtu, et dans les hautes fonctions de laquelle il mourut, au commencement du règne de Charles X. Cet habile jurisconsulte manifesta, pendant toute sa longue carrière, des opinions qu'il exprima souvent avec beaucoup d'énergie, de talent et même d'éloquence ; mais qui étaient toutes imprégnées de cet esprit de liberté qui, malheureusement, a été poussé jusqu'à la licence.

Avant d'arriver chez Madame la comtesse de Lanjuinais, j'étais passé sur un trottoir en pierre de taille, sous lequel passe un petit ruisseau et où jadis existait un petit pont en briques qui avait donné le nom de Briquet à quelques maisons qui l'avoisinaient ; elles portèrent ce nom jusqu'à l'époque où la reine Blanche étant venue demeurer à son château de l'Hay, ne trouvant pas, dans ce hameau, assez de logemens pour toute sa cour, en envoya la plus grande partie demeurer à Briquet, qui prit alors le nom de Bourg-la-Reine ; il ne l'a pas quitté depuis.

Le château de Gabrielle d'Estrées que fit bâtir le bon Henri pour cette aimable et fidèle maîtresse se présenta de suite à mes yeux et j'y entrai, il conserve toutes les marques de son ancienneté ; sa construction antique, ses vastes jardins, ses appartemens, dont les planchers sont fort élevés et dont les plafonds portent encore les signes remarquables et analogues aux temps et aux personnages qui les ont habités, tout dans cette royale demeure retrace des souvenirs qui plaisent aux cœurs des Français.

Sous ces antiques toits, tout à l'esprit rappelle,
Le meilleur de nos rois et du peuple l'ami ;
Qui, tout brûlant d'amour, loin de sa Gabrielle,
Volait au champ d'honneur combattre l'ennemi.
Les portes, les lambris, tout à nos yeux retrace
Les chiffres enlacés de ces heureux amans.....,
Et sous l'ombrage frais de ces jardins charmans,
On aime de leurs pas à retrouver la trace.

Cette propriété superbe appartient à M. Jannon, homme estimable, membre de la municipalité de Paris, avant la révolution de juillet, démissionnaire ou destitué à cette époque. M. Jannon a peuplé sa maison de locataires dignes de lui ; un de ses pavillons est occupé par le vénérable M. Duverdier, curé de Bourg-la-Reine, dont les vertus, les exemples lui ont mérité l'attachement et le respect de toute sa paroisse.

Dans une partie des grands appartemens de l'ancien château, il s'est établi une pension de jeunes gens, tenue par M. Deponchel, qui réunit au savoir, les talens et les qualités nécessaires à un instituteur distingué, et particulièrement l'art difficile et rare d'imprimer à la jeunesse ce caractère aimable, social et conciliant, qui, dans toutes les circonstances de la vie, en fait l'agrément et le bonheur.

Je sortis avec peine de cette ancienne demeure royale, avec ce regret qui nous accompagne toujours, lorsque l'on quitte des lieux qui rappellent à la mémoire, ou des événemens remarquables ou des hommes illustres ; mais surtout lorsqu'ils laissent dans notre cœur et dans notre âme, comme celui-ci, des idées douces du présent et flatteuses pour l'avenir. Une petite porte qui se trouve au bout du parc appartenant à M. Jannon, me conduisit sur une place appelée le Champ-de-Mars. En y entrant, j'aperçus une pierre monumentale, sur laquelle je lus l'inscription suivante :

« La mort à ce monde a su les ravir,
« Mais non pas effacer leur souvenir. »

MONUMENT D'HOMMAGE ET DE RECONNAISSANCE,
ÉLEVÉ PAR LES HABITANS DE BOURG - LA - REINE ,
A LA MÉMOIRE DE M. GALOIS,
MAIRE PENDANT 15 ANS ,
ET DE M. CARLU,
ADJOINT DE CETTE COMMUNE ,
FONDATEURS DE CETTE PLACE.
PÒSÉ EN 1831.

Cette inscription m'en disait assez pour m'apprendre combien était recommandable M. Galois ; mais j'en voulais savoir d'avantage sur un homme qui avait su mériter un acte semblable de reconnaissance. Je me promenai pendant quelque temps sur cette place, où il n'y avait encore personne, dans l'espoir qu'il y viendrait quelqu'un qui pourrait satisfaire ma curiosité. Je n'attendis pas long-temps; un homme de bonne mine, bien vêtu, d'un âge mûr et d'une physionomie agréable, vint s'y promener comme moi; je l'abordai, et, après les civilités d'usage, je lui fis quelques questions sur ce monument. Voici ce qu'il me raconta:

M. Galois était un des propriétaires de Bourg-la-Reine les plus distingués par ses qualités, ses vertus et sa fortune. Il avait épousé une demoiselle d'une des plus estimables familles du lieu, Melle Demanthe, dont le nom seul est révéré par tous les partis, toutes les opinions. Il fut choisi par ses concitoyens pour les administrer. Il remplit honorablement ses devoirs pendant de très-longues années. Il sut, dans les temps les plus orageux, concilier tous les esprits, gagner tous les cœurs. Après la restauration, quelques divisions ayant éclaté parmi certaines personnes de Bourg-la-Reine, il essaya de les rapprocher; il ne fut pas assez heureux pour en venir à bout. Cet échec affecta sensiblement son cœur. Il vint passer quelque temps à Paris, pour se distraire. Il y mourut de douleur. A cette fatale nouvelle, un regret général s'empara de tous les cœurs, et spontanément tous les habitans de Bourg-la-Reine, sans en excepter un seul, demandèrent à grands cris que le corps de leur respectable maire ne fut point inhumé dans la capitale, mais bien au sein de sa famille, au milieu de tous ses enfans, qui étaient ses administrés. Aucun de ceux-ci ne manqua à l'appel; ils furent tous revêtus de deuil et fondant en larmes, au-devant de leur protecteur, de leur père, et le reçurent au haut de la montagne de Bourg-la-Reine, d'où ils le conduisirent au champ du repos, où vous verrez, me dit le narrateur, un autre monument que celui-ci, qui annonce mieux peut-être l'amour et la reconnaissance du peuple en faveur de M. Galois.

Ce récit, en satisfaisant ma curiosité en excita une autre en moi, celle de voir ce monument ; elle me conduisit au cimetière de la paroisse que je me proposais déjà d'aller voir, pour y visiter la tombe de Condorcet. Je voulais verser quelques larmes sur la cendre et la mort déplorable de ce grand homme. Je remerciai donc le complaisant promeneur qui m'avait si bien instruit. Je le quittai pour aller au cimetière qui n'est pas bien éloigné de cette place. Grand Dieu ! qu'elle fut ma surprise, en arrivant dans cet asile de la paix, de ne pas retrouver les traces du monument que j'y venais chercher ; de ne pas trouver vestige de la place où on avait déposé ce fameux philosophe, ce célèbre académicien, cet homme malheureux qui fut obligé de se donner la mort pour s'arracher à l'infamie qu'il attachait à l'échafaud que tant de nobles et vertueuses victimes avaient honoré. Je fus vivement touché de ne rien retrouver de la poussière de Condorcet ; mais tandis que je m'affligeais sur un objet aussi digne de réflexion, j'apperçus à ma gauche une tombe nouvellement élevée ; sur laquelle je lus les paroles suivantes :

ICI REPOSE UN BON PÈRE,

GUILLAUME - PIERRE - FRANÇOIS FÉRÈS,

ANCIEN INSPECTEUR AUX REVUES DES TROUPES,

CHEVALIER DE SAINT-LOUIS,

OFFICIER DE LA LÉGION - D'HONNEUR,

NÉ LE 23 JANVIER 1763,

DÉCÉDÉ LE 1er JUILLET 1833.

Cette tombe était entourée d'une petite grille assez agréablement travaillée ; le sol était orné de fleurs et d'arbres verts ; un saule pleureur l'ombrageait, et tout auprès de la pierre croissait un vert gazon qui annonçait un entretien journalier. L'aspect de ce tombeau me prouva aisément tous les sentimens de la fille tendre et respectueuse qui l'avait élevé. J'en fus encore bien plus convaincu, lorsque le hasard fit tomber sous mes yeux un papier qui semblait avoir été perdu dans cet enceinte et servait de jouet aux vents. Je me plais à le transcrire ici :

> J'avais un père, hélas ! ses vertus sa tendresse,
> Guidaient mes premiers pas, protégaient ma faiblesse ;
> Le sage, l'ami vrai, le bienfaiteur, l'appui,
> L'indulgente bonté, je trouvais tout en lui.
> Heureuse fille encore, je bornais mon envie,
> A jeter quelques fleurs sur le cours de sa vie ;
> A rendre constamment à ce père adoré,
> Le premier des devoirs par l'amour consacré :
> Ces soins consolateurs, ce tribut légitime,
> Qu'on n'oublia jamais sans se charger d'un crime.

O mon père ! le sort qui sut nous désunir,
Couvre d'un voile affreux ce riant avenir.
Tandis qu'avec orgeuil je flattais ma jeunesse
De l'espoir enchanteur d'embellir ta viellesse,
Sur toi l'horrible mort déployant son linceul,
Te traînait lentement sur les bords du cercueil.....
Tu n'es plus ! le trépas à fermé ta paupière,
Et ta fille courbée auprès de ta poussière,
En maudissant le jour marqué par ses malheurs,
Presse ta froide tombe, et la baigne de pleurs!...
O regrets éternels ! ô jour que je déteste ;
Mon père ! je te vois en ce moment funeste,
Faiblement ranimé par d'impuissans secours,
Luttant avec le mal qui dévorait tes jours,
Me tendre avec effort une main défaillante
Et laisser échapper une larme brûlante....
Par d'affreux souvenirs, sans cesse reproduit,
Ce tableau déchirant nuit et jour me poursuit.
Déjà l'affreux hiver ramenant la froidure,
A dépouillé les champs de leur fraîche verdure,
Depuis l'instant fatal où l'inflexible sort
Entoura mes beaux jours du crêpe de la mort!...
Le temps peut dans son cours, d'une aîle protectrice
Effacer le chagrin que cause une injustice ;
Il peut rendre au bonheur l'innocent outragé,
Vaincre les passions où le cœur est plongé ;
Diminuer l'horreur qu'inspire le parjure ;
Mais peut-il étouffer le cri de la nature ?.....
Ah ! périsse l'ingrat dont l'amour affaibli
S'altère, disparaît et fait place à l'oubli ;
Qui, dans les faux plaisirs d'une vie insensée,
Au tombeau paternel refuse une pensée.
Le sceau réprobateur pèsera sur son front ;
Il brave ses devoirs, ses fils l'imiteront.....

Rongé par les remords à son heure dernière,
Souffrant, abandonné de la nature entière,
Ses yeux se fermeront; ardente à le punir,
La mort engloutira jusqu'à son souvenir.

A la lecture de cette épître sentimentale, j'éprouvai une impression qu'il est difficile de rendre; je serais sorti sur-le-champ du cimetière si je n'avais aperçu, un peu plus loin, le tombeau dont on m'avait parlé, que les habitans de Bourg-la-Reine ont élevé à la mémoire de leur respectable maire, M. Galois.

C'est une colonne sépulcrale sur la cîme de laquelle on a posé une urne funéraire. On a gravé sur ce monument l'inscription suivante :

In manibus portabunt te.

A SON EXCELLENT MAIRE,

LA COMMUNE DE BOURG - LA - REINE.

Ci gît

Nicolas-Gabriel GALOIS,

MAIRE DE LA COMMUNE DE BOURG-LA-REINE PENDANT 15 ANS,

DÉCÉDÉ A PARIS, LE 2 JUILLET 1829,

A L'AGE DE 55 ANS.

Comme un ange de paix envoyé sur la terre,
Chaque jour sur ses pas il sema des bienfaits;
Et, des infortunés qui le nommaient leur père,
Il emporte au tombeau les éternels regrets.

Lux orta est justa diffusa est gratia in labiis tuis
propterea benedixit te Deus in æternum.

Si tous ceux qui l'ont connu le pleurent,
    quelle doit être la douleur des siens!
qui pourra consoler ses enfans et sa veuve?

Depuis le coup affreux dont la mort m'accabla,
    Mon amour, mon espoir, mon repos, tout est là.

Requiescat in pace.

J'aurais dû naturellement explorer l'église avant
le cimetière; mais j'avais été entraîné vers ce der-
nier par suite de l'inscription que j'avais vue sur la
place et l'instruction que m'avait donnée l'inconnu
avec lequel je m'étais promené. Mais qu'importe;
me voilà dans ce temple antique qui tombe aujourd'hui en ruine, et dont je lis la description suivante dans les *Voyages* de M. Delort aux environs
de Paris.

« Ce fut en 1552 qu'il fut permis aux religieuses
» de Montmartre de bâtir cette église, sur laquelle
» on lit l'inscription ci-après :

» Il faut adorer Dieu en esprit et en vérité. »

Saint Gilles en est le patron; on y voyait un tableau de Restout (peintre assez renommé du temps),
représentant l'effigie de ce saint. Cette église est fermée depuis quelque temps. On ignore encore si elle

sera reconstruite à la même place et sur les mêmes fondations ; ce qui serait plus économique pour la commune et plus agréable pour les paroissiens, parce qu'elle est assez centrale. Je sortis de l'église ; je continuai ma route ; chemin faisant, mes yeux se fixèrent sur une boutique où étaient étalés des gâteaux de la meilleure mine ; j'eus envie d'en connaître le goût. Je m'adressai à un brave homme que je jugeai être le maître de séant. J'eus lieu d'être fort content de lui et de tout ce qu'il offre de bon. M. Le Guéri est un homme très-sensible, qui parle volontiers à tout venant, non pas de ses plaisirs, car il n'en a plus, mais de ses peines, car il en a beaucoup. Pendant que je mangeais quelques gâteaux fort excellens, il me conta l'histoire de ses trois mariages ; l'établissement des enfans de chaque lit. Il s'attendrit beaucoup sur le malheureux sort où il se trouvait réduit, dans ses vieux jours, de n'en avoir aucun auprès de lui. Le bonhomme devint si tendre et si larmoyant, que j'étais sur le point de pleurer avec lui, et pour l'éviter, ce qui aurait rendu le reste de mon voyage fort triste, je pris congé de ce bon vieillard, en lui assurant que sa boutique serait toujours avec raison le point de mire de tous les passans et le point d'arrêt de tous les gourmans qui viennent se promener à Bourg-la-Reine pendant l'été.

Je fus bientôt arrivé à une grande porte-cochère, sur laquelle on voit un écusson en porcelaine avec cette inscription en lettres d'or : *Mairie*. C'est un

hôtel superbe « M. Desroche, maire du lieu, en est
le propriétaire. Cet homme qui, comme certains
arbres à l'écorce très-unie et fruits parfaits, a été
l'architecte de sa maison et l'artisan de sa fortune. Dans la première, il a fait preuve d'un goût
exquis ; dans la seconde, il a montré que l'éloquence
n'est pas nécessaire pour acquérir de la fortune ;
mais que l'ordre et l'économie sont indispensables
pour la conserver. M. Desroche a distribué sa
maison en une infinité de logemens propres à offrir
toutes les commodités à un grand nombre de familles. Pendant l'été, lorsque ces logemens sont
tous occupés, cette maison ressemble à une petite
république. Les jardins ont été divisés de manière
à en donner un à chaque appartement, ce qui leur
ôte beaucoup d'agrément, nuit à l'ensemble, et fait
de ce beau jardin une multitude de colifichets qui
ne donnent presque aucun agrément à ceux qui
en jouissent. A tous les avantages de sa maison,
M. Desroche a su réunir l'utile à l'agréable. Il y a
établi un cabinet littéraire formé avec intelligence,
goût et même savoir. Mlle Chanteray, qui le tient et
qui en est propriétaire, a tout ce qu'il faut pour
attirer et attacher un grand nombre de lecteurs.
C'est une femme d'un âge mûr, mais qui conserve
encore toute la fraîcheur et toute la grâce du jeune
âge ; son esprit est infiniment orné, ses manières
engageantes, son maintien modeste, et son regard
attrayant. On la dit un peu philosophe : je ne saurais trop décider quel est ce genre de philosophie ;

mais ce que je puis assurer, c'est que toute sa personne est d'un genre très-aimable.

En sortant du cabinet littéraire, j'aperçus les insignes d'une belle pharmacie, au-dessus est écrit :

DELPÊCH, *ancien pharmacien de l'Hôtel des Invalides.*

J'entrai chez M. Delpech; je n'eus pas besoin de causer long-temps avec lui, pour m'apercevoir qu'il avait une élocution facile, beaucoup d'instruction, une connaissance parfaite de la profession qu'il exerce, toute la science, la sagesse et la prudence qu'elle exige. La pharmacie de M. Delpech, est tenue avec beaucoup de soin ; il y règne un grand ordre : tout ce qui sort de cette pharmacie répond à ce qu'on y voit et ce qu'on y trouve ; je l'ai éprouvé pendant tout le temps que j'ai resté à Bourg-la-Reine.

En sortant de chez M. Delpech, je croyais avoir fini mon voyage; je me trompais. En marchant toujours du même côté, mes yeux s'arrêtèrent sur une sonnette, au bas de laquelle sont ces mots : *Sonnette du médecin.* Je pensais alors que si j'avais fait une visite au médecin de l'âme, ce qui est obligé, je devais en faire une, par intérêt et par convenance, au médecin du corps.

Je frappai à la porte de monsieur le docteur, qui me fut ouverte aussitôt. Je me trouvai incontinent vis-à-vis un homme qui me parut bien sous tous les rapports; connaissance parfaite de sa profession en particulier, connaissance générale de beaucoup d'autres sciences ; des formes honnêtes et polies, un usage du monde beaucoup plus nécessaire à un médecin qu'à tout autre, une grande humanité, point de charlatanisme ; par-dessus tout, un goût décidé pour l'étude et un grand amour de son art. Je me félicitai d'avoir fait connaissance avec lui, et je le quittai, parce que je craignis qu'en l'écoutant long-temps, il ne me prit fantaisie d'être malade afin de le voir plus souvent.

En sortant de chez le docteur, je m'apperçus que je touchais a l'extrémité du bourg : le mouvement qui m'environnait, un bruit sourd que j'entendais dans le lointain, le bêlement des moutons, le beuglement des bœufs, m'annonçaient l'approche d'un marché considérable. En effet, quelques minutes après, je me trouvai au milieu d'une immense quantité de bétail de toute espèce, et d'une foule de vendeurs et d'acheteurs ; il me fut facile parmi ces derniers de reconnaître à leur teint frais et vermeil pour la plupart, un grand nombre des bouchers de Paris. Ces messieurs viennent toujours au marché dans leurs cabriolets, font promptement leurs achats, et puis, aussi lestement que de petits maîtres, remontent en voiture, et, rapides comme l'éclair, franchissent dans un clin-d'œil l'espace qui sépare le marché de la capitale.

Ce marché, connu sous le nom de marché de Sceaux quoiqu'il en soit éloigné de plus d'un quart de lieue, fut établi par ce prince bienfaisant qui fit le bonheur de toute cette contrée, et dont la magnifique demeure n'existe plus que dans les souvenirs de ceux qui l'ont vue.

Avant cette époque, ce marché ne se tenait qu'en plein air; les personnes et les animaux étaient exposés à toutes les intempéries des saisons, et se traînaient sur un terrain sale, fangeux, et même dangereux à cause du désordre qui y régnait.

L'administration, aujourd'hui plus prévoyante, a obvié à tous les inconvéniens en faisant construire des halles couvertes et des parcs infiniment commodes, pour contenir le gros et le menu bétail; des poteaux solides, dans lesquels sont scellés des anneaux de fer, servant à attacher les taureaux les plus rebelles, évitent ainsi des accidens fâcheux et fréquens.

Les nouvelles constructions de ce marché se ressentent des temps éclairés et philantropiques où elles sont faites; elles ajoutent à tous les avantages que ce marché donne à Bourg-la-Reine.

Depuis qu'il y est établi, il procure à cette commune une consommation considérable, répand chez elle beaucoup d'argent, et occupe utilement une multitude de ses habitans; ce qui la rend une des plus florissantes et des plus aisées des environs de Paris.

Je n'avais plus rien à voir à Bourg-la-Reine; j'étais à côté du chemin de Sceaux, je fus tenté d'y aller faire un tour; puis, réflchissant que j'irais y chercher des souvenirs pénibles, des regrets superflus, puisque tout dans cet endroit a été changé depuis que je l'ai habité, je renonçai à mon projet. J'avais devant mes yeux le hameau de l'Hay, sur la hauteur. Je me rappelai que la reine Blanche y avait jadis un château qu'elle habitait ; je résolus d'aller le reconnaître ; je gravis le monticule : mes désirs et mes espérances furent déçus...

Les restes de cette antique demeure ne sont plus aujourd'hui, qu'une maison très ordinaire, habitée par un simple particulier ; elle domine sur tous les environs de Paris et sur Paris même. De là, on aperçoit tous les monumens de cette vaste capitale.

Le soleil se couchait lorsque j'y arrivai ; il frappait sur le dôme des Invalides, dont le couvert en cuivre doré réfléchissait les rayons de cet astre prêt à disparaître de l'horison. Ce coup-d'œil me rappela le morceau suivant, que j'ai lu dans un poème descriptif des deux rives de la Seine, dans lequel l'auteur s'exprime ainsi sur l'Hôtel des Invalides, sur le dôme qui le couronne et sur l'Ecole-Militaire qui l'avoisine :

> L'œil se fixe plus loin sur le site tranquille,
> Qui semble du repos être le doux asile ;
> Où s'élève avec grâce, et se perd dans les cieux
> Un dôme des beaux arts, chef-d'œuvre glorieux.
> Ineffable bienfait ! O sublime pensée !....
> La valeur est toujours ici récompensée ,
> Et sous le même toit, Louis a rassemblé
> Les braves devant qui vingt trônes ont tremblé.

Tout de Louis-le-Grand ici prouve et rappelle
L'ame vraiment royale et la gloire immortelle ;
La religion , les arts, les hommes à-la-fois ,
Semblent se réunir pour chanter ses exploits.
Et tandis qu'il triomphe au milieu des batailles,
Qu'avec magnificence il fait bâtir Versailles,
Son cœur reconnaissant et tout à ses soldats,
Prépare leur retraite au retour des combats.
Il veut , et dans le calme et dans la douce aisance,
Faire vivre et mourir les héros de la France ;
Il veut , par son amour, par les plus tendres soins,
Des fils de la patrie assurer les besoins;
Il veut que pour toujours son âme bienfaisante
A ses vieux serviteurs puisse rester présente ;
Il veut qu'à l'avenir tout invalide admis
Puisse dire : je dois mon bonheur à Louis.
Ils le répètent tous au jour de leur vieillesse,
Et ce nom dans leur cœur réveille leur tendresse.
Depuis que regardant autour de leur tombeau ,
Ils ont de leurs enfans aperçu le berceau ,
Qui peut, sans intérêt et même sans extase,
Arrêter ses regards sur ce noble Gymnase
Où l'on voyait jadis l'élite des Français,
Préparant sa jeunesse aux plus brillans succès.
De soldats, de héros illustre pépinière,
O fille de nos rois, Ecole-Militaire ,
Pourquoi ton souvenir est-il enseveli ?
Pourquoi tes bâtimens restent-ils dans l'oubli ?
Pourquoi n'y voit-on pas, pour défendre la France,
Les fils de la patrie élevés dès l'enfance ?
Pourquoi le Champ-de-Mars, souillé par tant d'horreurs,
Ne sert-il pas d'arène à de futurs vainqueurs ?
Et pourquoi ces doyens, favoris de Bellone,
Que couvrent des lauriers, que la gloire couronne,

S'ils y portent leurs yeux et leurs pas chancelans,
N'y retrouvent-ils pas les jeux de leurs enfans?
Ah ! s'ils y revoyaient une race guerrière,
La mort serait plus douce à leur heure dernière ;
Ils béniraient le ciel, dans le sein du repos,
De voir croître près d'eux un peuple de héros.

Une des plus belles positions des environs de la capitale est celle de l'Hay. L'air y est pur, la vue magnifique, les eaux salubres et limpides, les rues bien pavées et d'une extrême propreté. Tous les coteaux qui environnent l'Hay sont peuplés de maisons de campagne charmantes, qu'entourent de vastes enclos et de beaux jardins, moins embellis des prestiges de l'art que des charmes de la nature. Les habitations de l'Hay sont presque toutes bien bâties ; les habitans y paraissent heureux. Je suis entré chez un des plus recommandables ; je veux parler de M. Leclerc, commerçant en vins et en bois : tout annonce dans sa maison cette douce aisance, fille aînée du bonheur ; l'ordre et la paix y règnent ; les maîtres du logis portent dans toute leur personne l'empreinte de la loyauté et de la probité qui les caractérisent ; leur honnêteté est sans cérémonie ; leur politesse sans affectation, et leurs manières sont si engageantes qu'elles doivent obtenir à leur commerce un plein succès.

En sortant de chez eux, je fus visiter la belle possession de M. Bronzac, maire de l'Hay. C'est à lui que cette commune doit une grande partie des avantages et des agrémens qu'elle possède. C'est à lui qu'elle doit particulièrement cette source qui anime aujourd'hni ce joli village, qui est un des premiers besoins de la vie et dont il était privé.

L'inscription suivante, qui est sur le petit monument que porte le bassin de la fontaine, atteste le bienfait de l'administrateur et la gratitude des administrés :

Ingrates envers nous les nymphes des fontaines,
Pour la grande cité gardaient toutes leurs eaux ;
Mais Bronzac, en fouillant au sein de nos coteaux,
A su conduire ici leurs sources souterraines.
Et l'Hay devra désormais
A son zèle et à son génie
Le premier besoin de la vie,
Le seul que n'avait pas ce pays plein d'attraits.

Mais cette flatteuse inscription n'a pas suffi à la reconnaissance des habitans de l'Hay; ils ont voulu la perpétuer en accordant à M. Bronzac le superflu des eaux qui s'échappent du bassin de cette fontaine; il les a fait conduire chez lui, où elles embellissent, vivifient et augmentent considérablement la valeur de sa propriété.

Je ne puis passer ici sous silence une scène attendrissante dont je fus le témoin et même l'acteur, dans la propriété voisine de celle de M. Bronzac, dont j'ignore le nom du propriétaire. Je l'avais déjà parcourue en partie, lorsqu'au détour d'une allée qui longeait le mur de clôture, j'apperçus une dame de haute taille qui s'y promenait; sa marche

était lente, son air noble et distingué; tous ses mou-
vemens annonçaient ce genre de molesse, cette
espèce d'abandon qui indique presque toujours une
âme aimante et sensible, un cœur facile et bon ; je
ne voyais point ses traits ; mais tout son ensemble
me faisait croire qu'ils étaient empreints d'une
douce mélancolie. Pendant que je faisais ces réflexions, cette dame approchait de la fin de l'allée,
et arriva bientôt contre la muraille ; là, elle sortit
un crayon de sa poche ; je la vis tracer quelques
lignes sur le mur. Après les avoir écrites, elle se re-
tira, continua sa promenade et la dirigea vers le
petit bois où je m'étais caché pour ne pas la perdre
de vue et suivre ses pas. Lorsque je crus qu'elle
ne m'appercevait plus, je me hâtai d'aller voir ce
qu'elle avait écrit. En arrivant près de la muraille,
je lus ces vers.

> Vous qui croyez à la métempsicose,
> Et qui voyez dans chaque fleur,
> Une heureuse métamorphose
> D'une victime du malheur;
> Dites moi, ce que sont la rose,
> Le lys majestueux, le magnifique œillet,
> Et cette fleur à demi close
> Qui répand un parfum si doux et si parfait?

Il me fut facile de juger que celle qui faisait cette
question espérait que quelques promeneurs ré-
pondraient, et que tôt ou tard elle viendrait cher-

cher la réponse. Inspiré sur-le-champ par mes souvenirs, et surtout par mon cœur, j'écrivis.

> Ecoutez, je vais vous le dire :
> La rose est cette auguste et simple Elisabeth,
> Qui mérita la palme du martyre.
> Le lys majestueux, le magnifique œillet,
> Sont le meilleur des rois, la plus sublime reine,
> Qui, sur les rives de la Seine,
> Virent leurs fronts ceints d'un royal bandeau
> Succomber sous les coups d'un infâme bourreau.
> Le jasmin odorant, est cet enfant aimable
> Qu'immola sans pitié cette secte excécrable,
> Qui par un crime affreux transmit à l'avenir,
> De son règne de sang, l'horrible souvenir !

Après avoir ainsi répondu à cette question, je
restai plongé dans les réflexions les plus doulou-
reuses ; mon esprit et mon âme se trouvèrent dans
une telle anxiété, que je ne trouvais aucun moyen
pour la dissiper. J'errai sans m'en apercevoir pendant très long-temps dans ces beaux jardins, lorsqu'enfin, sans m'en douter, je me retrouvai au pied
de cette muraille où j'avais écrit la réponse qui
m'avait jeté dans l'état où je me trouvais ; je le-
vai les yeux, je reconnus qu'on y avait ajouté quelque chose ; je lus ces mots :

> Ah ! combien j'aime cet asile !
> Je veux y fixer mon séjour ;
> Mon cœur est satisfait, mon âme est plus tranquille,
> Et j'y respire un air tout imprégné d'amour.

Je ne doutai plus que la muse sentimentale qui avait ajouté ces quatre vers après les miens, n'eut l'intention de choisir cet endroit pour y faire ses promenades habituelles.

Je formai le projet d'aller à sa recherche pour avoir occasion de faire connaissance avec elle ; tout-à-coup, je me sentis enveloppé d'émanations odorantes ; je suivis la direction du vent qui me les apportait, et après avoir fait quelques pas à travers des bosquets charmans, j'arrivai dans un parterre jonché de toute espèce de fleurs, parmi lesquelles dominaient principalement les lys, les roses et les œillets. Au milieu de ce parterre s'élevait avec grâce un pavillon élégamment construit en treillage, où étaient mariés et entrelacés avec soin la clématite, le chèvre-feuille et le jasmin ; aux quatre coins intérieurs de ce pavillon étaient des bancs ou divans de gazon : quelle fut ma surprise, d'apercevoir sur l'un d'eux l'inconnue que je cherchais ; elle était immobile, sa figure était rayonnante, ses traits divins, son extase complet ; ses yeux étaient fixés sur le ciel, et semblaient y chercher cet aimable enfant, dont elle croyait voir l'image dans l'innocente et blanche fleur qui couvrait ce pavillon solitaire.

J'avais fait tous mes efforts pour être aperçu, mais ils avaient tous été inutiles ; la crainte d'altérer ses jouissances ou de troubler son bonheur, m'empêcha d'interrompre cette extase céleste. Je quittai ce temple de sentimens ; j'étais pressé de sortir de ces jardins délicieux, où, depuis que j'y étais entré, mon cœur avait été agité par des émotions au-dessus de mes forces.

Je voulus m'éloigner de l'habitation enchantée que je venais de parcourir ; je descendis dans la prairie qui est au bas, et qui n'en est séparée que par la petite rivière de Bièvre qui l'arrose ; je la passai sur un petit pont qui me jeta de suite auprès d'une maison où je me hâtai d'entrer pour prendre quelques instans de repos dont j'avais grand besoin.

Je m'aperçus, en y entrant, que j'étais dans un établissement de bains, dont l'emplacement est très agréable et la tenue parfaite : c'est à un ancien militaire et à sa femme qu'il appartient ; il serait difficile d'exprimer leur obligeance et l'accueil empressé que j'en reçus.

Après avoir pris haleine et les avoir remercié de leur politesse, je leur demandai le chemin le plus court pour arriver à Bourg-la-Reine : ils m'en indiquèrent plusieurs ; mais ils m'observèrent que le plus agréable, était celui qui traversait la prairie, au bout de laquelle, je trouverais une issue qui me conduirait sur-le-champ à la pension où j'allais ; je profitai de leurs avis et je pris le chemin qu'ils m'indiquèrent.

En traversant la prairie, je vis venir à moi un petit enfant qui gardait des moutons ; il portait au bras un panier qu'il ouvrit quand il fut à mon côté, en sortit un bouquet de violette qu'il m'offrit

avec toute la grâce et l'ingénuité de son âge ; je
pris le bouquet et lui donnai deux sous ; je continuai ma route et fus bientôt rendu à la porte du
n° 1.

On allait dîner lorsque j'arrivai ; la cloche avait
déjà sonné. En entrant dans la salle-à-manger, je
vis près de moi une dame dont l'ensemble me
frappa sur-le-champ, et il me fut facile de reconnaître celle que je venais de laisser dans le pavillon ;
elle me reconnut aussi. J'étais sur le point de lui
parler, lorsque la maîtresse de la maison nous en-
gagea à nous mettre à table, où nous fûmes placés
l'un à côté de l'autre.

La rougeur que j'aperçus à l'instant sur le visage
de cette dame, la teinte un peu sévère qui s'y re-
pandit, semblèrent me commander le silence avec
elle, et je me bornai, pendant tous le repas, à lui
offrir avec civilité tous les mets qui me parvenaient.
Je fus très surpris au désert, lorsque s'adressant à
moi :

— Monsieur, me dit-elle, vous avez là un bouquet de violette qui m'a agréablement parfumée
pendant tout le repas.

— Si j'osais, Madame, vous en faire hommage ?

— Volontiers, reprit-elle ; c'est une des fleurs
que j'aime le mieux.

— Après toutefois le lys, la rose et l'œillet,
ajoutai-je.

A ces mots, la même rougeur et la même sévérité
qu'elle avait manifestées au commencement du

dîner, reparurent sur son visage ; mais, tout-à-coup, développant un papier qui entourait le bouquet de violette.

— Mais, quoi! dit-elle, je ne me trompe point ; votre bouquet, monsieur, est enveloppé dans une fable, intitulée *la Violette*.

Je parus fort étonné ; et dans le même instant, tous les convives prièrent unanimement ma voisine d'en faire lecture ; sans se faire prier, avec l'accent le plus flatteur et l'organe le plus doux, elle lut ainsi :

LA VIOLETTE.

FABLE.

Un certain jour dans un parterre
Le lys, la rose et l'œillet ;
Disputaient sur l'art de plaire
Et le parfum que chacun répandait.
Le lys à la tête altière,
Prétendait que sa blancheur,
Vrai symbole de la candeur,
Surpassait en beauté la rose printanière.
Celle-ci répondit avec un peu d'humeur
A cette fleur noble et royale :
Pouvez-vous comparer votre fade couleur,
A mon éclat que rien n'égale ?
Pouvez-vous comparer le parfum si flatteur
Que mon calice exhale,
A votre capiteuse odeur
Aux organes fatale ?
Malgré votre air et vos grandeurs,
Malgré l'orgeuil qui vous entraîne ;

La rose, de toutes les fleurs,
  Sera toujours la souveraine.
Dans un beau vase, un magnifique œillet
  A robe diaprée,
  Disait tout bas : quelle risée !
Peut-on sans moi former un beau bouquet ?...
  C'est ainsi qu'on disputait
Dans le jardin, lorsqu'une femme aimable,
  Tout en se promenant, cherchait
A cueillir une fleur qui lui fût agréable.
  Déjà la rose, l'œillet et le lys,
  Pour elle avaient été sans prix ;
  Lorsqu'elle aperçoit sous l'herbette
  Une fraîche et simple violette :
  Elle la cueille avec empressement,
  La pôse sur son cœur ; ensuite regardant
  Le lys, l'œillet et la rose :
Séduire est peu, dit-elle ; aimer est autre chose.
  L'orgueil ne gagne jamais rien,
  La modestie est le suprême bien.
  Ce fut cette vertu si chère
  Qui fixa jadis le grand roi,
Et lui fit conserver son amour et sa foi,
A la modeste et tendre La Vallière.

Après la lecture de cette fable, fort attentive-
ment écoutée, tout le monde voulait la lire ; plusieurs même désiraient en prendre copie sur-le-
champ. A quoi bon, dis-je, mesdames ? il vous est
facile d'en avoir un exemplaire à l'instant : ce bouquet m'a été vendu par un petit enfant qui garde
son troupeau dans la prairie ; il en avait son panier
plein ; il fait un temps superbe ; si vous voulez en

profiter pour aller à la promenade, à coup sûr nous retrouverons cet enfant, et nous lui ferons grand plaisir en le débarrassant de ses violettes. Il n'y eut qu'une voix pour accueillir ma proposition. Tout le monde se leva de table, et on partit pour la prairie. Mon aimable voisine, qui depuis la lecture de la fable s'était un peu plus humanisée, laissa passer tout le monde et me dit avec beaucoup d'affectuosité :

—Ne serais-je point indiscrète, monsieur, de vous demander votre bras? je suis un peu fatiguée de mes courses matinales.

—Je suis trop heureux, madame; en disant ces mots, je lui offris mon bras.

—Si ces dames ne le trouvent point mauvais, dit-elle, je ne voudrais pas trop m'écarter; je les prierai de me permettre de me séparer d'elle pour un moment; je les attendrai dans le beau jardin que j'ai aperçu vis-à-vis la porte, en entrant ici. Cette proposition fut faite à l'instant à toute la compagnie; elle en témoigna son regret en acquiesçant, toutefois, à ce que désirait l'aimable inconnue. Chacun fut de son côté; la troupe joyeuse courut à la prairie; et nous, nous traversâmes la route pour aller visiter la belle possession de M. Combrousse, dépendance de la pension que j'avais choisie pour demeure en quittant Paris.

Cette sombre et magnifique allée de tilleuls impénétrable au jour, ce boulingrin, ces massifs d'arbres divers, ces tapis de verdure fixèrent l'attention de ma compagne, et parurent même lui faire plaisir; toutefois, une douce mélancolie se répandit de nouveau sur son intéressante et noble figure : nous fîmes quelques pas sans dire un mot; mais peu après, reprenant la parole :

— Par quel heureux hasard, me dit-elle, nous trouvons-nous dans cette pension ?

Je lui dis que je devais cet avantage à l'annonce que j'avais lue dans les *Petites-Affiches*.

— C'est plaisant, reprit-elle avec un léger mouvement de surprise : c'est à la même annonce que je dois de me trouver ici; j'y arrivai de très-grand matin, et en entrant au n° 1, je fus charmée de la beauté des coteaux qui sont vis-à-vis cette maison. Avant de m'y fixer, je voulus la parcourir; je montai à l'Hay : j'entrai dans ce jardin où vous m'avez rencontré; vous savez le reste....

A présent que j'ai su apprécier la bonté et l'affabilité de notre aimable hôtesse; la bonne compagnie qu'elle a su réunir chez elle, le joli jardin dont son domicile est entouré, les charmantes promenades qui l'environnent, je suis résolue à finir mon été à Bourg-la-Reine, et peut-être même à y passer encore l'hiver.

— J'avais la même intention, madame, repris-je aussitôt; et ce que vous me faites l'honneur de me dire achève de me décider. Tout en causant, nous arrivâmes auprès d'un banc rustique situé au milieu d'une superbe allée de pommiers, dont tous les arbres étaient couverts des plus beaux fruits.

Nous sommes ici dans le jardin des Hespérides ; asseyons-nous, dit l'inconnue ; on doit, il me semble, jouir ici d'une vue enchanteresse. En effet, on aperçoit d'un côté le joli village de Bagneux qui domine sur tous les environs de la capitale, et dont les coteaux sont couverts de vignes, de fraisiers et de groseillers ; de l'autre côté, les hauts peupliers qui bordent l'avenue de Sceaux, les sommités de l'ancien parc de l'immortel Penthièvre ; ce parc a été divisé, lacéré, détruit par les Vandales ; des hommes riches, de bon goût, cherchent aujourd'hui à le faire revivre et à l'embellir. Vis-à-vis, se laisse voir le gracieux village de Fontenay, entouré de ses champs de roses dont le parfum s'étendait jusqu'à nous. Telle était la vue admirable que nous contemplions avec ravissement, quand il fut interrompu par une voix toute tremblante qui chantait ces strophes que ma mémoire facile a saisies et fidèlement retenues.

AIR : *Te bien aimer, ô ma tendre Zélie.*

Bientôt, hélas ! il faudra que je meure ;
Tout m'avertit de mon prochain trépas ;
Fasse le ciel, jusqu'à ma dernière heure,
Qu'Adèle m'aime, et ne me quitte pas.

Au second vers, nous nous étions levés, et nous suivions la voix pour arriver jusqu'au chanteur, lorsqu'il se tut. Nous nous arrêtâmes une seconde, et la voix reprit à l'instant :

Oui, pour toujours j'ai perdu la lumière,
Je ne puis plus admirer ses appas,
Mais elle peut me fermer la paupière,
Et moi je puis expirer dans ses bras.

Nous avions suivi avec attention et les paroles et la voix ; nous avions aisément jugé par la dernière que le chanteur était un vieillard, et par les paroles, nous avions appris qu'il avait perdu la clarté du jour ; ce qui augmenta notre intérêt. Quoiqu'il eût cessé de chanter, il n'avait pas fini de parler ; ce qui nous aida à arriver tout auprès du bosquet où il se trouvait ; bientôt, en écartant les branches, nous aperçûmes assis l'un à côté de l'autre, sur un banc de gazon, un vieillard à la tête chauve, figure vénérable, chevelure et barbe d'une blancheur éblouissante qui tombait jusque sur ses genoux ; auprès de lui était une femme qui paraissait avoir environ quarante-cinq ans ; mais elle était encore belle, ses traits étaient encore nobles, sa figure distinguée, et ses yeux noirs, remplis de douceur, versaient de temps en temps quelques larmes qu'elle s'empressait d'essuyer ; le vieillard parut s'en apercevoir, et touché jusqu'à l'âme, il continua ainsi :

O mon Adèle ! ô ma fille, ô ma femme ;
Ne doute pas de mes derniers sermens.
Si sur ton cœur peut s'exhaler mon âme,
Ma mort sera le plus doux des momens.

A ces mots, les pleurs de la nouvelle Antigone recommencèrent, et le vieillard, en y mêlant les siennes, finit ainsi sa romance :

Après ma mort si tu viens sur ma couche,
Pour y prier ou répandre des pleurs,
Sur mon cercueil pôse un moment ta bouche,
Son doux parfum vaudra pour moi des fleurs.

Au même moment, nous vîmes arriver tous nos convives qui revenaient de la prairie ; chacun d'eux tenait à sa main un bouquet de violette enveloppé de la fable qu'on avait lue pendant le dîner ; nous allâmes au-devant d'eux ; nous leur racontâmes la scène touchante dont nous avions été les témoins, et nous les engageâmes à venir en voir le théâtre et les acteurs ; mais ceux-ci, sans doute incommodés par le bruit que nous avions fait, s'étaient retirés ; nous nous retirâmes aussi, mais non pas sans demander au jardinier que nous rencontrâmes, s'il connaissait ces étrangers : Oui, sans doute, nous dit-il ; ils habitent l'avenue de Bagneux, et depuis quatre ans qu'ils sont dans cette contrée, ils ont mérité, par leur popularité, leur affabilité, l'estime et la considération générale ; mais, ajouta-t-il, madame, qui leur a permis de venir se promener ici tant qu'ils voudraient, les connaît mieux que moi et pourra vous dire leur histoire. Cette réponse piqua notre curiosité, mais nous donna l'espoir d'en savoir davantage.

La nuit approchait, nous nous disposâmes à regagner le toit hospitalier ; arrivés à la grille, nous aperçûmes une inscription que nous n'avions pas vue en venant ; toute la bande joyeuse s'empressa de la lire ; on me pria de la copier ; la voici :

Amans heureux de la belle nature ,
Qui chérissez et méditez ses lois,
Arrêtez-vous sous ces modestes toits.
Vous la verrez d'ici dans toute sa parure.
Sous ces rians coteaux , sous ces arbres touffus ;
Que l'œil suit à plaisir, avec soin examine ;
Vous oublîrez Paris, où le seul art domine,
Où le vice en honneur triomphe des vertus ;
Où plus d'un homme honnête a souvent la sottise
D'encenser les ducats d'un Mondor qu'il méprise,
De chanter de Néphis les yeux qui ne sont plus,
D'un ministre insolent essuyer les refus ;
Et de se croire enfin des droits à la couronne,
Parce qu'il est assis sur les degrés du trône.
Ici règne sans art l'honneur , la bonne foi :
De la nature seule on observe la loi.
Du riche les ducats n'ont pour lui d'autres charmes
Que de pouvoir du pauvre essuyer quelques larmes ;
De la naïve Lise on chante les beaux yeux
Parce qu'on croit y voir la pureté des cieux ;
Et jamais en ces lieux , ni prince ni ministre ,
N'osa faire un refus insolent ou sinistre.
O vous qui préférez aux demeures des rois
La douce paix des champs, les fleurs et la verdure,
Amans heureux de la belle nature ,
Venez vous reposer sous ces modestes toits.

Ce pavillon est la propriété d'un homme laborieux.....

Comme Fanchon, il descendit de ses montagnes, avec son bâton, ses sabots... et l'espérance...

Par son travail et son industrie il sut acquérir une fortune qui le rend aujourd'hui un des propriétaires des plus riches de Bourg-la-Reine.

Ses enfans, auxquels il a donné une éducation bien différente de la sienne, doivent avoir appris à se glorifier de la source honorable de leurs richesses; en conséquence ils liront avec plaisir sur la porte de leur père cette imitation de Virgile :

LABOR NOBIS HÆC OTIA FECIT.

Par mon travail ma fortune fut faite ;
C'est à lui que je dois cette aimable retraite.

Nous traversâmes la route en réfléchissant et comparant le résultat du travail et de l'industrie qui créent les plus belles existences, avec la paresse et le désordre qui renversent et détruisent les plus belles fortunes; la porte de la pension était ouverte, nous y entrâmes, et nous y fûmes reçus par notre aimable hôtesse qui nous attendait dans un joli petit salon, bien éclairé; pendant que tout le monde montait, j'étais resté un peu en arrière pour demander au domestique le nom de la maîtresse de la maison; il me dit qu'elle était Anglaise et se nommait miss Clanrikart. Je courus au salon, et rendis tout bas à l'oreille cette réponse à l'inconnue. L'hilarité qui se peignit sur sa figure m'annonça que je lui avais fait plaisir. On allait se mettre au jeu lorsque Mme Baliska, la plus ancienne des pensionnaires de la maison, s'adressant à miss Clanrikart, lui dit :

— Miss, je ne crois pas qu'on ait beaucoup envie de jouer aujourd'hui : tout le monde aimerait mieux vous entendre raconter l'histoire des habitans de Bagneux.

— Bien volontiers, reprit mis Clanrikart ; mais cette histoire est assez longue et très-intéressante, et plusieurs soirées seraient à peine suffisantes pour vous la dire : je serais fâchée que madame et monsieur, dit-elle en nous montrant, ne pussent en entendre qu'une partie.

— Miss, reprit l'inconnue, j'espère bien entendre tout, à moins que vous ne vouliez pas me garder cet été et même l'hiver que je me propose de passer chez vous.

— Je suis dans la même intention que madame, repris-je alors.

— Cela étant, ajouta miss Clanrikart, pourrai-je, sans indiscrétion demander à madame son nom, ainsi qu'à vous, monsieur ?

— Sélésia, noble génoise, dit alors l'inconnue.

— Salvador, gentilhomme espagnol, repris-je aussitôt.

— Ah ! vraiment, dit miss Clanrikart en riant, si ma maison était un hôtel, on pourrait mettre sur la porte, *Hôtel des quatre nations*. Madame, dit-elle en montrant madame Baliska, est Polonaise ; vous, madame, Italienne ; monsieur, Espagnol, et moi Anglaise. Mais il me vient une idée : puisque nous devons passer l'hiver tous ensemble, renvoyons au moment où les soirées seront plus lon-

gues pour faire l'histoire des habitans de Bagneux ;
elle sera suivie de quelques autres ; dans le temps
où nous vivons, on ne s'expatrie point sans avoir
quelques motifs puissans ou sans que quelques
circonstances nous y forcent. De là, nécessaire-
ment, l'histoire de ses infortunes ou des événemens
qui nous ont engagés à nous réfugier dans un pays
étranger. Chacune de ces histoires, la nôtre, par
exemple, occuperait une de nos soirées, et réunies
ensemble, elles formeraient un petit ouvrage qui
ne serait pas sans intérêt, et que nous intitulerions
les *Soirées de Bourg-la-Reine.*

Cette idée plut à tout le monde, et il fut arrêté
qu'on la mettrait à exécution. Ce sera donc les soirées de Bourg-la-Reine qui termineront mon petit
ouvrage, ou, si on veut, qui en feront la seconde
partie.

FIN DU VOYAGE A BOURG-LA-REINE.

OMISSIONS ET OUBLIS.

J'ai passé debout devant les Catacombes du Petit-Montrouge, cependant j'avais quelques nouvelles particularités à rapporter sur ces voûtes souterraines, ainsi qu'à raconter une anecdote assez plaisante qui leur doit naissance.

J'ai pareillement oublié l'abbaye des Bénédictins qui, jadis, existait à Cachant, et où se rendaient périodiquement les chanoines de Paris qui avaient une maison de plaisance à Bagneux. Ces derniers, réunis aux révérends pères, buvaient, chantaient, faisaient bonne chère et menaient joyeuse vie ; il n'y avait point de mal à cela ; il serait à souhaiter qu'il en fût de même aujourd'hui, les pays seraient plus riches et plus gais. Ces deux articles feront le sujet d'une des Soirées du Bourg-la-Reine qui doivent composer la deuxième partie de cet ouvrage.

J'ai fait une erreur grave en cherchant les traces des cendres de Condorcet dans le cimetière actuel de Bourg-la-Reine ; il n'y a point été inhumé, mais bien dans l'ancien qui était situé près du marché et sur lequel sont bâties aujourd'hui les maisons de MM. Lorain, Charton et autres, d'où il résulte que les cendres de cet infortuné savant ont subi le malheureux sort de tant d'autres qui ont été jetées au vent.

J'ai fait aussi, en parlant de l'éthymologie de Bourg-la-Reine, un oubli que je m'empresse de réparer. A l'époque de la terreur où tous les noms des lieux et des personnes furent changés au gré de quelques barbares, Bourg-la-Reine prit le nom de Bourg-l'Égalité, et ce qui est curieux et remarquable, c'est que le nom qu'il porte aujourd'hui lui fut rendu par Napoléon, en 1812, par un décret daté du Krémelin, à Moskou.

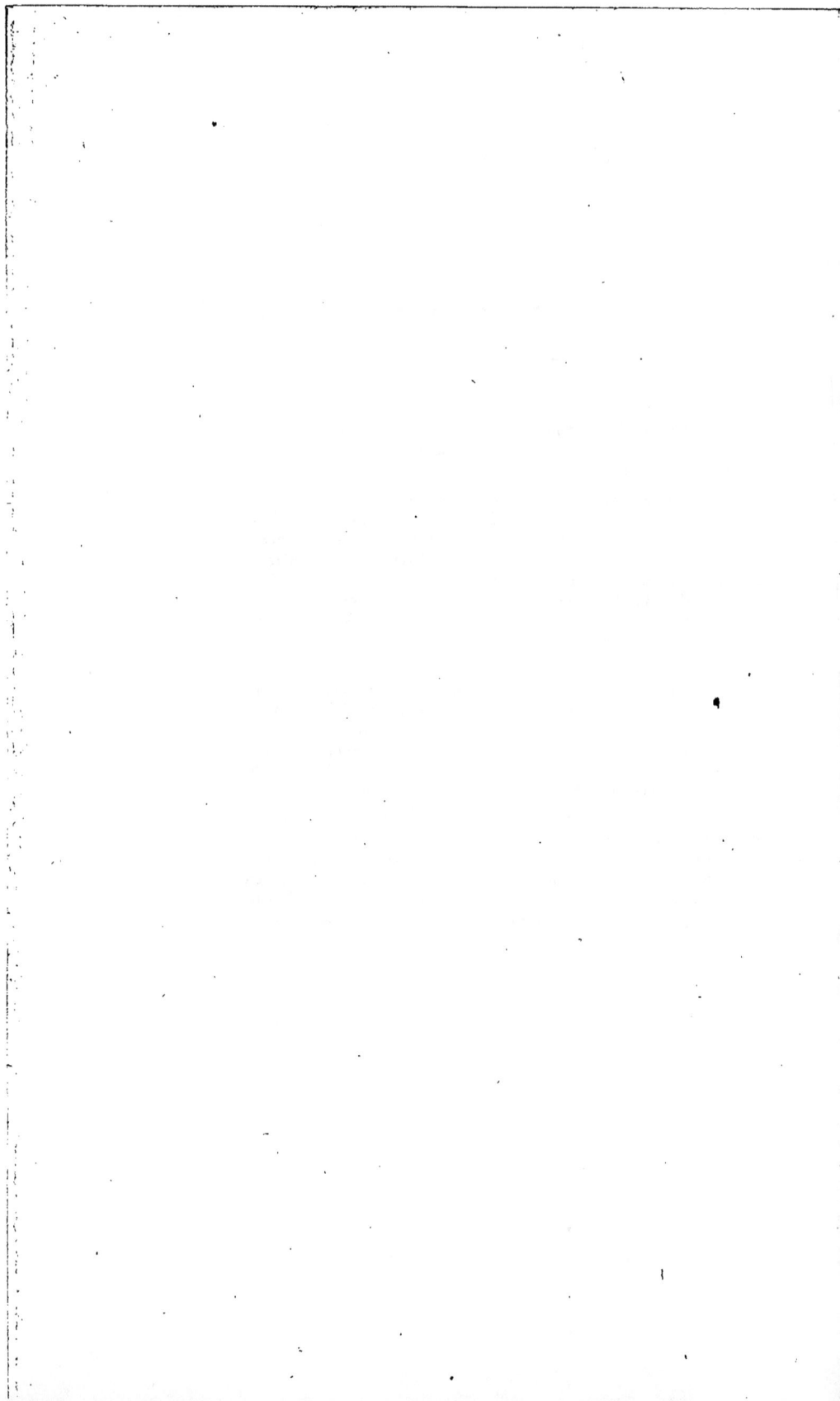

www.ingramcontent.com/pod-product-compliance
Lightning Source LLC
Chambersburg PA
CBHW052139090426
42741CB00009B/2141